40 Ricette per la Perdita di Peso per Uno Stile di Vita Frenetico: La soluzione per trattare il grasso

di

Joseph Correa

Nutrizionista Sportivo Certificato

COPYRIGHT

© 2016 Finibi Inc

Tutti I diritti riservati.

La riproduzione o la traduzione di qualsiasi parte di questo lavoro al di là di quanto consentito dalla sezione 107 o 108 degli Stati Uniti Copyright 1976, senza l'autorizzazione del titolare dei diritti è illegale.

La presente pubblicazione è stata progettata per fornire informazioni accurate e autorevoli in materia di il tema trattato. Viene venduto con la consapevolezza che né l'autore né l'editore si impegnano a fornire consulenza medica. In caso di consultazione o di assistenza medica, consultare un medico. Questo libro è considerato una guida e non deve essere utilizzato in alcun modo che possa essere dannoso per la salute. Consultare un medico prima di iniziare questo piano nutrizionale per assicurarsi che sia giusto per te.

RINGRAZIAMENTI

La realizzazione e il successo di questo libro non avrebbero potuto essere possibili senza la mia famiglia.

40 Ricette per la Perdita di Peso per Uno Stile di Vita Frenetico: La soluzione per trattare il grasso

di

Joseph Correa

Nutrizionista Sportivo Certificato

CONTENUTI

Copyright

Ringraziamenti

Cenni sull'Autore

Introduzione

Calendario

40 ricette per la perdita di peso per uno stile di vita frenetico: la soluzione per trattare il grasso

Altri grandi titoli dell'autore

CENNI SULL'AUTORE

Come nutrizionista sportivo certificato e atleta professionista, sono fermamente convinto che una corretta alimentazione ti aiuterà a raggiungere i tuoi obiettivi più velocemente e in modo efficace. La mia conoscenza ed esperienza mi ha aiutato a vivere in modo più sano nel corso degli anni che ho condiviso con la famiglia e gli amici. Quanto più si sa di mangiare e bere in modo sano, tanto prima si vorrà cambiare la tua vita e abitudini alimentari.

La nutrizione è una parte fondamentale nel processo per ottenere una forma migliore e quindi inizia oggi.

INTRODUZIONE

40 ricette per la perdita di peso per uno stile di vita frenetico ti aiuterà a perdere peso in modo naturale ed efficiente. Sapere cosa mangiare e quando farà la differenza nel mondo. Se non sei riuscito nel passato a perdere il grasso indesiderato, ora hai la possibilità di fare questo cambiamento. Leggi questo libro e inizia a vivere la vita che ti meriti. Le ricette del calendario e dei pasti sono facili da seguire e capire.

Essere troppo occupato a mangiare correttamente a volte può diventare un problema e questo libro ti farà risparmiare tempo contribuendo a nutrire il tuo corpo per raggiungere gli obiettivi desiderati.

Questo libro ti aiuterà a:

- Perdere Peso velocemente.

-Ridurre i Grassi.

-Avere Più energia.

- Accelerare naturalmente il tuo metabolismo per diventare più magri.

-Migliorare Il vostro sistema digestivo.

Joseph Correa è un nutrizionista sportivo certificato e un atleta professionista.

CALENDARIO PER LA PERDITA DI PESO

Settimana 1

Giorno 1:

Yogurt alla frutta e nocciole

Minestra all'uovo con pollo e tagliatelle

Riso pilaf ai funghi e limone

Giorno 2:

Colazione di uova e verdure al forno

Tacchino fritto

Melanzane stufate

Giorno 3:

Colazione Guacamole

Salmone al barbecue con strofinatura di limone

Insalata di Arance, Noci e Formaggio Blu

Giorno 4:

Frappè Fitness

Insalata di Mais e Pollo

Verdure rosse al curry

Giorno 5:

Frittelle di Banana e farina d'avena

Trota piccante

Zucchine stufate

Giorno 6:

Toast di tonno

Manzo all'aglio

Macedonia

Giorno 7:

Insalata con Omelette di pancetta e brie

Zuppa di riso e pomodoro

Insalata di Trota Affumicata con barbabietole, finocchio e mele

Settimana 2

Giorno 1:

Frappè ai frutti di bosco

40 Ricette per la Perdita di Peso per Uno Stile di Vita Frenetico

Spaghetti al limone con broccoli e tonno

Funghi alla Diavola

Giorno 2:

Tacchino e cipollotti al cartoccio

Pollo ai funghi

Insalata con riso messicano e fagioli

Giorno 3:

Uova in camicia con salmone affumicato e spinaci

Fagioli al peperoncino

Brodo di verdure thai e latte di cocco

Giorno 4:

Crema di ceci con pane tipo Pita e verdure

Pesce grigliato con pomodoro e spezie marocchine

Zuppa di lenticchie, carote e arancia

Giorno 5:

Farina d'avena con mele e uvetta

Stufato di pesce piccante

Ceci e spinaci al curry

Giorno 6:

Omelette alla feta e pomodori secchi

Pollo farcito con spinaci e datteri

Carote arrosto con melograno e formaggio blu

Giorno 7:

Yogurt alla frutta e nocciole

Gamberi al curry

Insalata con riso messicano e fagioli

Settimana 3

Giorno 1:

Insalata con Omelette di pancetta e brie

Fagioli al peperoncino

Trota piccante

Giorno 2:

Frappè Fitness

Manzo all'aglio

Melanzane stufate

Giorno 3:

Colazione Guacamole

Tacchino fritto

Macedonia

Giorno 4:

Colazione di uova e verdure al forno

Salmone al barbecue con limone strofinato

Verdure rosse al curry

Giorno 5:

Frittelle di Banana e farina d'avena

Minestra all'uovo con pollo e tagliatelle

Insalata di Trota Affumicata con barbabietole, finocchio e mele

Giorno 6:

Toast di tonno

Zuppa di riso e pomodoro

Zucchine stufate

Giorno 7:

Frappè ai frutti di bosco

Insalata di Mais e Pollo

Ripieno di arance, noci e formaggio blu

Settimana 4

Giorno 1:

Farina d'avena con mele e uvetta

Spaghetti al limone con broccoli e tonno

Zuppa di lenticchie, carote e arancia

Giorno 2:

Uova in camicia con salmone affumicato e spinaci

Pollo ai funghi

Ceci e spinaci al curry

Giorno 3:

Tacchino e cipollotti al cartoccio

Stufato di pesce piccante

Carote arrosto con melograno e formaggio blu

Giorno 4:

Omelette alla feta e pomodori secchi

Fagioli al peperoncino

Macedonia

Giorno 5:

Crema di ceci con pane tipo Pita e verdure

Gamberi al curry

Insalata con riso messicano e fagioli

Giorno 6:

Yogurt alla frutta e nocciole

Pollo farcito con spinaci e datteri

Brodo di verdure thai e cocco

Giorno 7:

Colazione Guacamole

Trota piccante

Melanzane stufate

2 giorni extra per completare il mese:

Giorno 1:

Frappè Fitness

Insalata di Mais e Pollo

Insalata di arance, noci e formaggio blu

Giorno 2:

Toast di tonno

Tacchino fritto

Verdure rosse al curry

RICETTE PER LA PERDITA DI PESO

COLAZIONE

1. Omelette alla feta e pomodori secchi

Un piatto molto veloce, semplice, a basso contenuto calorico che darà alla tua giornata il calcio di inizio che merita. Per un pizzico di sapore, utilizzare pomodori che sono stati conservati in una miscela di olio di oliva ed erbe italiane.

Ingredienti (1 porzione):

2 uova, leggermente sbattute

25g formaggio feta, sbriciolato

4 pomodori semi-secchi, tritati grossolanamente

1 cucchiaino di olio d'oliva

foglie di insalata mista, a Porzione

Tempo di preparazione: 5 min

Tempo di cottura: 5 min

Preparazione:

Scalda l'olio in una padellina antiaderente, aggiungici le uova e cuocile, mescolandole con un cucchiaio di legno. Quando le uova saranno abbastanza sode nel centro, aggiungi i pomodori e la feta, e chiudi l'omelette a metà. Cuoci per 1 minuto, dividi in due piatti e servi con una mistura di insalata.

Valori nutritivi per porzione: 300kcal, 18g proteine, 20g grassi (7 saturi), 5g carboidrati (1g fibre, 4g zucchero), 1.8g sale, 15% calcio, 22% vitamina D, 20% vitamina A, 15% vitamina C, 25% vitamina B12.

2.   Farina d'avena con mele e uvetta

Una caldo, saziante, colazione ricca di calcio che è facile da digerire e perfetta come un pasto pre-allenamento, grazie al suo alto contenuto di carboidrati. Cospargi con cannella per una dolce, fragranza legnosa.

Ingredienti (2 porzioni):

50g avena

250ml latte magro

2 mele, pelate a fette

50g uvetta

½ cucchiaio miele

Tempo di preparazione: 5min

Tempo di cottura: 10 min

Preparazione:

Porta il latte ad ebollizione in una casseruola a fuoco medio e mescola con l'avena per 3 minuti. Quando la miscela diventa cremosa, aggiungi le mele e l'uvetta e fai bollire per un altri 2min. Dividi il mix in 2 ciotole, aggiungi il miele e servi subito.

Valori nutritivi per porzione: 256kcal, 9g proteine, 2g grassi (1g saturi), 47g carboidrati (4g fibre, 34g zucchero), 17% calcio, 11% ferro, 17% magnesio.

3. Crema di ceci con pane tipo Pita e verdure

Si tratta di una colazione semplice e nutriente che è possibile assemblare rapidamente la mattina e portarla a lavoro. La Crema di ceci rimane in frigo e le verdure possono essere farcite nel pane pita, creando un panino facile da afferrare.

Ingredienti (2 porzioni):

1 200 g di ceci in scatola, drenati

1 spicchio d'aglio, schiacciato

25g di tahini

¼ cucchiaino di cumino

succo di limone, spremuto da ¼ di limone

sale, pepe

Acqua 3 Cucchiai

2 pane integrale tipo pita

Mix di verdure 200g (carote, sedano, cetrioli)

Tempo di preparazione: 15 min

Non si cuoce

Preparazione:

Unisci ceci, aglio, tahini, cumino, succo di limone, sale e pepe e l'acqua in un robot da cucina e fai girare le lame più volte fino a quando la miscela diventa cremosa.

Servi con pane pita tostato e mix di verdure.

Valori nutritivi per porzione: 239kcal, 9g proteine, 9g grassi (1g saturi), 28g carboidrati (6g fibre, 4g zucchero), 1,1g sale, 27% ferro, 23% magnesio, 14% vitamina B1.

4. Tacchino e cipollotti al cartoccio

Quale modo migliore per utilizzare gli avanzi di tacchino, che fare una rapida e deliziosa tortilla? Regalati un ossequio che è alto in proteine, basso contenuto di grassi saturi e aromatizzato con il gusto piccante del basilico.

Ingredienti (2 porzioni):

130g di tacchino cotto (bollito o arrosto), triturato

3 cipollotti, triturati

1 pezzo di cetriolo, tagliuzzato

2 foglie di lattuga riccia

1 Cucchiaio maionese light

1 cucchiaio di pesto

2 tortillas di farina di grano

Tempo di preparazione: 5mins

Non si cuoce

Preparazione:

Mescola il pesto e la maionese. Dividi il tacchino, cipollotti, cetrioli e lattuga mettendoli tra le 2 tortillas. Spruzza sopra il condimento di pesto, avvolgi il tutto e servi.

Valori nutritivi per porzione: 267kcal, 24g proteine, 9g grassi (2g saturi), 25g carboidrati (2g fibre, 3g zucchero), 1.6g sale, 34% vitamina B3, 27% vitamina B6.

5. Frappè ai frutti di bosco

Quale modo migliore per avere la metà del valore giornaliero consigliato di calcio che con una crema a base di yogurt? Aggiungici alcune fibre per renderlo ancora più nutrizionale, salvando la metà delle bacche dal frullatore e reinserendole quando il frullato è fatto.

Ingredienti (2 porzioni):

450g frutti di bosco surgelati

450g yogurt con pochi grassi

100ml latte con pochi grassi

25g porridge d'avena

1 cucchiaino miele (opzionale)

Tempo di preparazione: 10 min

Non si cuoce

Preparazione:

Mescola i frutti, lo yogurt ed il latte in un robot da cucina fino a far diventare il tutto molto liscio. Quindi aggiungi e mescola l'avena e versa in 2 bicchieri. Servi con un po' di miele.

Valori nutritivi per porzione: 234kcal, 16g proteine, 2g grassi (2g saturi), 36g carboidrati (14g zucchero), 45% calcio, 11% magnesio, 18% vitamina B2, 21% vitamina B12.

6. Uova in camicia con salmone affumicato e spinaci

Una colazione che riempie, con tante proteine che darà alla tua giornata un inizio soddisfacente. Non avrai problemi a raggiungere il tuo fabbisogno giornaliero di vitamina A e il tuo cuore ti ringrazierà per la quantità abbondante di omega-3, acidi grassi.

Ingredienti (1 porzione):

2 uova

100g spinaci, a pezzi

50g salmone affumicato

1 cucchiaio aceto bianco

Un po' di burro per ungere

1 pezzo di pane di grano, tostato

Tempo di preparazione: 5 min

Tempo di cottura: 20 min

Preparazione:

Scalda una padella antiaderente, aggiungi gli spinaci e mescola per 2 minuti.

Per cucinare le uova, porta una pentola di acqua al punto di ebollizione, aggiungi l'aceto e poi abbassa la fiamma in modo che l'acqua sia bollente. Mescola l'acqua fino ad ottenere un leggero idromassaggio poi rompi le uova una per una. Cuoci ciascun uovo per circa 4 minuti, quindi toglili con un mestolo forato.

Cospargi di burro il pezzo di pane tostato poi metti gli spinaci sopra, il salmone affumicato e le uova. Condisci in base alle esigenze e servi.

Valori nutritivi per porzione: 349kcal, 31g proteine, 19g grassi (6g saturi), 13g carboidrati (4g fibre, 2g zucchero), 3.6g sale, 23% ferro, 23% magnesio, 197% vitamina A, 46% vitamina C, 21% vitamina D, 15% vitamina B6, 18% vitamina B12.

7.   Insalata con Omelette di pancetta e brie

Una frittata gustosa per chi preferisce iniziare il giorno con un ripieno sano di uova e proteine. Taglia la frittata a spicchi per un look moderno e gustala con un'insalata al posto del pane per tagliare le calorie.

Ingredienti (2 porzioni):

3 uova, leggermente sbattute

100g lardelli affumicati

50g brie, affettato

un mazzetto di erba cipollina tritata

1 cucchiaio di olio d'oliva

½ cucchiaino di aceto di vino rosso

½ cucchiaino di senape di Digione

½ cetriolo, dimezzato e senza semi

100g di Ravanelli, sbriciolati

Tempo di preparazione: 5 min

Tempo di cottura 15 min

Preparazione:

Scalda 1 cucchiaino in un pentolino, aggiungi i lardelli e friggi fino a cuocerli, poi toglili dalla padella e lasciali scolare su carta da cucina.

Scalda 1 cucchiaino di olio in una padella antiaderente, poi mescola insieme i lardelli, uova e una macinata di pepe. Versa nella padella e cuoci a fuoco basso fino a quando non è quasi pronto, quindi aggiungi il Brie e rosola fino a quando non viene sciolto e dorato.

Mescola il rimanente olio d'oliva, aceto, condimenti e senape in una ciotola e condisci i ravanelli ed i cetrioli. Servi a fianco della frittata.

Valori nutritivi per porzione: 395kcal, 25g proteine, 31g grassi (12g saturi), 3g carboidrati (2g fibre, 3g zucchero), 2.2g sale, 10% vitamina A, 13% vitamina C, 15% vitamina D, 13% vitamina B12.

8. Frappè Fitness

Un frullato vegan senza latticini con succo di melograno che ti aiuterà sul posto di lavoro o per sostenere l'allenamento. È possibile aggiungere un cucchiaio di semi di lino per altri 2 g di fibra a basso costo calorico con di un 37kcal supplementari.

Ingredienti (1 porzione):

125ml latte di soia

150ml succo di melograno

30g tofu

1 grande banana, tagliata a pezzetti

1 cucchiaino miele

1 cucchiaio di mandorle

2 cubetti di ghiaccio

Tempo di preparazione: 5 min

Non si cuoce

Preparazione:

Frulla il latte di soia e succo di melograno con 2 cubetti di ghiaccio fino a quando il ghiaccio si è sgretolato.

Aggiungi la banana, miele e tofu e amalgama bene, quindi versa la miscela in un bicchiere e cospargi con le scaglie di mandorle.

Valori nutritivi per porzione: 366kcal, 10g proteine, 12g grassi (1g saturi), 55g carboidrati (4g fibre, 50g zucchero), 13% calcio, 11% ferro, 15% magnesio, 14% vitamina C, 25% vitamina B6.

9. Toast di tonno

Una ricetta molto veloce, a basso contenuto calorico che fornisce una quantità elevata di neurone B12 protettivo. Se si desidera una sferzata di energia, spalma la pasta su un pezzo di pane integrale a circa 120kcal per pezzo e servi con il peperone a lato.

Ingredienti (4 porzioni):

2 scatolette di tonno in acqua (185g), drenato a metà

3 uova sode

1 cipollotto tritato

5 piccoli sottaceti, a dadini

sale, pepe

4 peperoni, dimezzati, senza semi

Tempo di preparazione: 5 min

Tempo di cottura: 10 min

Preparazione:

Unisci le uova, tonno, cipolla, sottaceti e condimenti in un robot da cucina e frulla molto bene fino ad ottenere una crema.

Riempi le metà dei peperoni con il composto e servi.

Valori nutritivi per porzione: 240kcal, 23g proteine, 8g grassi (2g saturi), 4g carboidrati (1g fibre, 2g zucchero), 14% magnesio, 47% vitamina A, 28% vitamina B6, 142% vitamina B12.

10. Frittelle di Banana e farina d'avena

Goditi questa versione sana di frittelle che sostituisce la farina fiore pianura con l'avena. La banana sostituisce lo zucchero raffinato, ma si può anche spargere 1 cucchiaino di miele (23kcal per cucchiaino) se ti piace di più.

Ingredienti (8 frittelle):

50g avena

4 uova, leggermente sbattute

2 banane, tagliate a tocchetti

½ cucchiaino di cannella

Olio di oliva 1 cucchiaino per ogni frittella

Tempo di preparazione: 5 min

Tempo di cottura: 30 min

Preparazione:

Unisci tutti gli ingredienti in un robot da cucina. Scalda una padella antiaderente, aggiungi un cucchiaino di olio e versa ¼ di tazza di miscela nella padella. Cuoci su ogni lato fino a quando il pancake diventa leggermente marrone.

Valori nutritivi per pancake: 135kcal, 4g proteine, 13g grassi (3g saturi), 10g carboidrati (1g fibre, 3g zucchero).

11. Colazione Guacamole

Non ti puoi perdere un pasto che contiene avocado. Alto contenuto in grassi sani e fibre, con una consistenza morbida e un sapore riccamente impreziosito da un po' di succo di limone, la Colazione Guacamole ti sostiene fino a pranzo.

Ingredienti (2 porzioni):

1 avocado maturo

1 grosso pomodoro, tritato grossolanamente

1 cipollotto tritato

1 spicchio d'aglio schiacciato

succo di limone, da ½ limone

sale

pepe nero macinato

2 fette di pane integrale, tostato

Tempo di preparazione: 5 min

Non si cuoce

Preparazione:

Taglia l'avocado a metà, nel senso della lunghezza, poi scava la polpa con un cucchiaio e mettila in una ciotola capiente. Spezzettala con una forchetta. Versa il succo di limone sopra la polpa e aggiungi il pomodoro tritato, il cipollotto e l'aglio. Condisci con il sale e un sacco di pepe nero. Mescola un po', stendi su un pezzo di pane tostato e servi subito.

Valori nutritivi per porzione: 280kcal, 9g proteine, 13g grassi (2g saturi), 30g carboidrati (9g fibre, 5g zucchero), 10% ferro, 17% magnesio, 14% vitamina A, 29% vitamina C, 17% vitamina B6.

12. Colazione di uova e verdure cotte

Una originale e facile colazione che cuoce un uovo invece di friggerlo, risparmiando una notevole quantità di grassi saturi. Le uova riempiono, mentre le verdure non sono solo gustose, ma anche sono zeppe di vitamina A e C.

Ingredienti (1 porzione):

2 grandi funghi prataioli

2 Pomodori medi, dimezzati

100g di spinaci

2 uova

1 spicchio d'aglio, tagliato a fette sottili

1 cucchiaino di olio d'oliva

Tempo di preparazione: 5 min

Tempo di cottura: 30 min

Preparazione:

Scalda il forno a 200 ° C ventilato / gas 6. Metti i pomodori e i funghi in una pirofila. Aggiungi l'aglio, l'olio e condisci, poi cuoci per 10 min.

Metti gli spinaci in una grande padella e versa dentro una pentola di acqua bollente per farli appassire. Strizza l'acqua in eccesso e quindi aggiungi gli spinaci al piatto. Fai un po' di spazio tra le verdure e spezza le uova nel piatto. Cuoci per altri 10 minuti in forno fino a quando le uova saranno cotte.

Valori nutritivi per porzione: 254kcal, 18g proteine, 16g grassi (4g saturi), 16g carboidrati (6g fibre, 10g zucchero), 31% ferro, 17% calcio, 29% magnesio, 238% vitamina A, 11% vitamina D, 102% vitamina C, 18% vitamina B1, 51% vitamina B2, 20% vitamina B3, 29% vitamina B6, 22% vitamina B12.

13. Yogurt alla frutta e nocciole

Una buona alternativa ai cereali, questa ricca colazione ti terrà pieno fino a pranzo e ti darà l'energia quando ne avrai bisogno per affrontare i tuoi compiti. Il mix di frutta secca offre una notevole quantità di grassi sani, mentre lo yogurt fa in modo di introdurre la metà del fabbisogno giornaliero di calcio.

Ingredienti (1 porzione):

Banane 1 di medie dimensioni, affettata

100g mirtilli (freschi o congelati e scongelati)

20g noci

20g nocciole

10g uvetta

200g yogurt magro

Tempo di preparazione: 5 min

Non si cuoce

Preparazione:

Mescola la frutta con le nocciole, versa in una ciotola con lo yogurt e servi.

Valori nutritivi per porzione: 450kcal, 13g proteine, 25g grassi (2g saturi), 54g carboidrati (9g fibre, 32g zucchero), 44% calcio, 16% magnesio, 30% vitamina C, 36% vitamina B6.

PRANZO

14. Minestra all'uovo con pollo e tagliatelle

Un piatto rapido e facile da fare, ideale per un pranzo. Le tagliatelle contengono abbastanza energia aumentando i carboidrati che sosterranno la tua giornata e la carne è piena di vitamina B.

Ingredienti (2 porzioni):

1 petti di pollo disossato, senza pelle, tagliato a dadini

1 uovo, sbattuto

0.6L Brodo di pollo

1 cipollotto tritato

70g tagliatelle di grano intero

70g mais dolce congelato, o baby mais, dimezzato nel senso della lunghezza

succo di limone

¼ cucchiaino di aceto di sherry

Tempo di preparazione: 10 min

Tempo di cottura: 15 min

Preparazione:

Metti il pollo e la minestra in una padella larga e porta lentamente a ebollizione per 5 min. Le tagliatelle vanno cucinate seguendo le istruzioni sulla confezione.

Aggiungi il mais e fai bollire per 2 min. Mescola il brodo e mentre è ancora da sfornare, posa una forchetta sopra la teglia e versaci le uova sopra lentamente. Mescola ancora nella stessa direzione e poi spegni la fiamma. Aggiungi il succo di limone e l'aceto.

Scola la pasta e dividila tra 2 ciotole. Versa il brodo, cospargi con la cipolla tritata e servi.

Valori nutritivi per porzione: 273kcal, 26g proteine, 6g grassi (1g saturi), 30g carboidrati (3g fibre, 2g zucchero), 1g sale, 96% vitamina B3, 42% vitamina B6.

15. Insalata di Mais e Pollo

Un pollo alla paprica-speziato, servito alla griglia con mais dolce e fresco, lattuga croccante, per una veloce e sana insalata, con abbondante vitamina B. Il condimento a base di aglio migliorerà un pasto già gustoso.

Ingredienti (2 porzioni):

2 piccoli petti di pollo senza pelle

1 pannocchia di mais

2 piccoli cuoricini di lattuga, tagliati longitudinalmente in quarti

½ cetriolo a dadini

1 spicchi d'aglio schiacciati,

1 cucchiaio di olio d'oliva

1 cucchiaino di paprika

succo di limone, dal mezzo limone

condimento (2 Porzioni):

1 spicchio d'aglio, schiacciato

75ml latte cagliato

1 cucchiaio di aceto di vino bianco

Tempo di preparazione: 20 min

Tempo di cottura: 20 min

Preparazione:

Taglia i petti di pollo longitudinalmente a metà per fare 4 strisce di pollo. Mescola paprica, aglio, olio, 1 cucchiaino di succo di limone e con qualche condimento e marina il pollo per almeno 20 min.

Scalda una padella, aggiungi l'olio rimasto e cuoci il pollo per 3-4 minuti su ogni lato fino a quando non sarà cotto. Spennella sopra l'olio rimanente e griglia il grano per circa 5 minuti o fino a renderlo leggermente carbonizzato. Assicurati di cucinare in modo uniforme. Rimuovi le pannocchie di mais e tagliale in pezzetti.

Unisci gli ingredienti per il condimento.

Mescola il cetriolo e lattuga, mettili su pollo e mais sulla parte superiore e spruzza il condimento.

Valori nutritivi per porzione : 253kcal, 29g proteine, 8g grassi (1g saturi), 14g carboidrati (3g fibre, 6g zucchero), 20% ferro, 40% magnesio, 96% vitamina B3, 72% vitamina B6.

16. Spaghetti al limone con broccoli e tonno

15 minuti è tutto ciò che serve per cucinare questa pasta di pesce piccante che racchiude un significativo pugno di energia. Il mix di spaghetti, tonno e verdura fanno di questo un piatto nutriente a tutto tondo.

Ingredienti (2 porzioni):

180g spaghetti integrali

100g tonno sott'olio sgocciolato

125g broccoli, tagliato a cimette

40g olive verdi snocciolate, tritate

1 cucchiaio di capperi, scolati

il succo e la scorza di mezzo limone

Olio d'oliva 1 cucchiaino, più extra per condire

Tempo di preparazione: 5 min

Tempo di cottura: 10 min

Preparazione:

Lessa gli spaghetti in base alle istruzioni sulla confezione. Dopo 6 min, aggiungi i broccoli e fai bollire per 4 minuti o più fino a quando entrambi saranno teneri.

Mescola le olive, scalogno, capperi, tonno, la scorza di limone e il succo in una grande ciotola. Scola la pasta con i broccoli, aggiungila alla ciotola, mescola bene con l'olio d'oliva e pepe nero e servi.

Valori nutritivi per porzione: 440kcal, 23g proteine, 11g grassi (2g saturi), 62g carboidrati (5g fibre, 4g zucchero), 1.4g sale, 12% ferro, 20% magnesio, 25% vitamina A, 50% vitamina B3, 25% vitamina B6, 90% vitamina B12.

17. Salmone al barbecue con limone strofinato

Ricco di grassi sani, Proteine e vitamine del gruppo B, il salmone è un pesce che merita sicuramente un posto nel tuo piatto. Servi con un semplice mix di pomodoro e insalata verde per assaporare il gusto di questo pasto.

Ingredienti (2 porzioni):

2 * 150g filetti di salmone senza spine

succo e scorza di mezzo limone

10g dragoncello fresco tritato

1 spicchio d'aglio tritato finemente

Olio 1 cucchiaio

Tempo di preparazione: 5 min

Tempo di cottura: 10 min

Preparazione:

Mescola la scorza di limone e il succo, aglio, dragoncello e olio d'oliva in un piatto, condisci con sale e pepe e poi aggiungi i filetti di salmone. Strofina la miscela sul pesce, copri e mettere da parte per 10 minuti.

Scalda il grill alto, togli i filetti di salmone dalla marinata, mettili su una teglia da forno e cuoci per 7-10 min. Servi quando il salmone è appena cotto.

Valori nutritivi per porzione: 322kcal, 31g proteine, 22g grassi (4g saturi), 1g carboidrati, 12% vitamina B2, 30% vitamina B1, 60% vitamina B3, 45% vitamina B6, 79% vitamina B12.

18. Zuppa di riso e pomodoro

Per un pasto principale ricco, la Zuppa di riso e pomodoro è un ottimo modo per sfruttare i pomodori freschi e salati disponibili in estate. Si può anche servire fredda, per un effetto rinfrescante.

Ingredienti (2 porzioni):

70g di riso integrale

200g Pomodori, tritati

1 cucchiaino di passata di pomodoro

1 cipollotto tritato

1 carota piccola, tritata finemente

½ gambo di sedano tritato finemente

½ l di brodo vegetale fatto con 1 dado

1 cucchiaino zucchero di canna

Aceto 1 cucchiaino

qualche foglia di prezzemolo, tritato

alcune gocce di pesto, per servire (Opzionale)

Tempo di preparazione: 10 min

Tempo di cottura: 35 min

Preparazione:

Scalda l'olio in una grande padella, aggiungi la carota, il sedano e la cipolla e fai cuocere a fuoco medio fino a quando il tutto sarà ammorbidito. Aggiungi l'aceto e zucchero, cuoci per 1 minuto e poi mescola con la passata di pomodoro. Aggiungi i pomodori, il brodo vegetale e lo zucchero di canna, copri e cuoci per 10 min.

Dividi in 2 ciotole, e cospargi di prezzemolo. Aggiungi pesto se ti piace.

Valori nutritivi per porzione: 213kcal, 6g proteine, 3g grassi (1g saturi), 39g carboidrati (4g fibre, 13g zucchero), 1.6g sale, 16% vitamina A, 22% vitamina C.

19. Pollo farcito con spinaci e datteri

Alto contenuto di proteine, con una quantità equilibrata di carboidrati e un sacco di vitamine, questo pasto sano copre praticamente tutto, dalle sostanze nutrienti a piacere. I datteri e spinaci nel ripieno aggiungono una dolcezza al tutto.

Ingredienti (2 porzioni):

2 petti di pollo disossati e senza pelle

100g di spinaci, tritati

1 piccola cipolla, tritata finemente

1 spicchio d'aglio tritato finemente

4 datteri, finemente tritati

1 cucchiaio Succo di melograno o miele

1 cucchiaino di cumino

1 cucchiaio di olio d'oliva

100g fagiolini surgelati

Tempo di preparazione: 10 min

Tempo di cottura: 15 min.

Preparazione:

Scalda il forno a 200 ° C ventilato / gas 6. Scalda l'olio in una padella antiaderente, aggiungi la cipolla, l'aglio e un pizzico di sale e cuoci per 5 minuti prima di aggiungere i datteri, gli spinaci e ½ del cumino. Cuoci per altri 1-2 minuti.

Taglia i petti di pollo a metà, longitudinalmente, e lascia una parte intatta in modo da poter aprirli come un libro. Apri i petti di pollo e mettili in una teglia da forno, aggiungi il resto del cumino e il condimento, cospargi con il succo di melograno o miele e cuoci per 20 min. Servi con i piselli surgelati, leggermente cotti al vapore.

Valori nutritivi per porzione: 257kcal, 36g proteine, 4g grassi (1g saturi), 21g carboidrati (3g fibre), 17% ferro, 23% magnesio, 97% vitamina A, 36% vitamina C, 96% vitamina B3, 49% vitamina B6.

20. Fagioli al peperoncino

Un pasto salutare vegetariano per il pranzo con tanto sapore, questo piatto è ottimo per contribuire della metà o un terzo della quantità richiesta di fibre giornaliere. Puoi servirlo con una piccolo porzione di riso integrale aggiungendo circa 170kcal al piatto.

Ingredienti (2 porzioni):

170g Peperone, privato dei semi e affettato

200g fagioli in salsa di peperoncino

200g può fagioli neri, scolati

200g Pomodori, tritati

1 piccola cipolla, tritata

1 cucchiaino di cumino

1 cucchiaino di peperoncino in polvere

1 cucchiaino di paprika dolce affumicata

1 cucchiaino di olio d'oliva

Tempo di preparazione: 15 min

Tempo di cottura: 30 min

Preparazione:

Scalda l'olio in una grande padella, aggiungi la cipolla e pepe e cuoci per 8-10 minuti fino a quando il tutto sarà ammorbidito. Aggiungi le spezie e cuoci per 1 min.

Aggiungi i fagioli e pomodori, porta a ebollizione e fai sobbollire per 15 minuti. Quando il peperoncino si sarà addensato, togli e servi.

Valori nutritivi per porzione: 183kcal, 11g proteine, 5g grassi (1g saturi), 26g carboidrati (12g fibre, 12g zucchero), 16% ferro, 14% magnesio, 16% vitamina A, 22% vitamina C, 14% vitamina B1.

21. Manzo all'aglio

Goditi una bistecca di manzo fatta in fretta che non è solo ricca di proteine e povera di grassi e carboidrati, ma anche carica di vitamina B. Unisci alcuni pomodori ciliegia per saziarti e avere un pasto rinfrescante.

Ingredienti (2 porzioni):

300g coscia manzo ben curata

3 spicchi d'aglio

2 Cucchiai aceto di vino rosso

1 cucchiaino di pepe nero

200g pomodorini, dimezzati con una spruzzata di aceto

Tempo di preparazione: 10 min

Tempo di cottura: 15min

Preparazione:

Schiaccia i grani di pepe e l'aglio con un pizzico di sale in un mortaio fino ad ottenere una pasta liscia, quindi aggiungi l'aceto. Stendi la carne in un piatto, poi strofina la pasta dappertutto. Lascia in frigorifero per 2 ore.

Metti una padella su piastra a fuoco molto caldo. Strofina la marinata sulla della carne, aggiungi più sale. Cuoci la carne per circa 5 minuti su ogni lato (assicurarsi che il taglio non sia troppo spesso). Solleva la carne e ponila sopra un tagliere, poi falla riposare per 5 minuti prima di tagliarla a fette. Servi con pomodorini.

Valori nutritivi per porzione: 223kcal, 34g proteine, 6g grassi, 7g carboidrati (1g fibre, 3g zucchero), 22% ferro, 16% vitamina A, 22% vitamina C, 27% vitamina B2, 42% vitamina B3, 30% vitamina B6, 64% vitamina B12.

22. Pesce grigliato con pomodoro e spezie marocchine

Un pasto a base di orate per una fonte eccellente di proteine. La salsa sudafricana con le sue spezie aromatiche aumenta il gusto e va anche bene con le sarde e il branzino.

Ingredienti (2 porzioni):

2 * 140 g filetti di orata senza pelle

3 grossi pomodori

1 ½ grandi peperoni rossi, senza semi e dimezzati

2 spicchi d'aglio schiacciati

20ml Olio d'oliva

1 cucchiaino di cumino

1 cucchiaino di paprika

1/8 cucchiaino di pepe nero

un pizzico di pepe di Caienna

mazzetto di prezzemolo, tritato grossolanamente

mazzetto di coriandolo, tritato grossolanamente

Tempo di preparazione: 30 min

Tempo di cottura: 15 min

Preparazione:

Scalda il grill in alto, posiziona i peperoni dal lato della pelle su una teglia da forno e metti sotto il grill fino a renderlo nero e pieno di vesciche. Metti in una ciotola coperta ermeticamente e lascia raffreddare. Quando saranno freddi, rimuovi le pelli bruciate poi tagliali a pezzetti.

Togli la pelle ai pomodori, poi tagliati in quarti, elimina i semi e crea dei dadini.

Scalda l'olio in una grande padella, aggiungi l'aglio, il pepe macinato e le spezie e cuoci per 2 minuti. Aggiungi i peperoni e pomodori e cuoci a fuoco medio fino a quando i pomodori saranno molto morbidi. Rompi i pomodori morbidi e continua la cottura finché il liquido si sarà ridotto a salsa.

Scalda il grill, adagia il pesce in una teglia foderata con un foglio leggermente oliato. Condisci e cuoci per 4-5 minuti fino a cottura totale. Dividi la salsa sui piatti con sopra il pesce e servi con le erbe tritate.

Valori nutritivi per porzione: 308kcal, 25g proteine, 18g grassi (2g saturi), 16g carboidrati (4g fibre, 12 g zucchero), 23% magnesio, 45% vitamina A, 55% vitamina C, 12% vitamina B1, 12% vitamina B2, 14% vitamina B3, 34% vitamina B6.

23. Gamberi al curry

Hai solo bisogno di 20 minuti per preparare questo delizioso piatto a base di pesce aromatizzato. La cremosa salsa di ciliegie aromatica va molto bene con una Porzione di riso bollito con circa 175kcal per Porzione.

Ingredienti (2 porzioni):

200g prime gamberetti congelati

200g pomodori tritati

25g di crema di cocco in bustina

1 piccola cipolla, tritata

1 cucchiaino Thai rosso pasta di curry

½ cucchiaino di radice di zenzero fresco

1 cucchiaino di olio d'oliva

coriandolo tritato

Tempo di preparazione: 5 min

Tempo di cottura: 15 min

Preparazione:

Scalda l'olio in una casseruola. Aggiungi la cipolla e lo zenzero e cuoci per qualche minuto fino ad ammorbidirli. Aggiungi la pasta di curry, mescola e cuoci per 1 minuto. Versa sopra i pomodori e la crema di cocco, porta ad ebollizione e lascia cuocere a fuoco lento per 5 minuti, aggiungendo un po' di acqua bollente se la miscela diventa troppo spessa.

Aggiungi i gamberi e fai cuocere per altri 5-10 minuti. Cospargi con il coriandolo tritato e servi.

Valori nutritivi per porzione: 180kcal, 20g proteine, 9g grassi (4g saturi), 6g carboidrati (1g fibre, 5g zucchero), 1g sale, 18% ferro, 10% magnesio, 20% vitamina A, 26% vitamina C, 13% vitamina B3, 25% vitamina B12.

24. Pollo ai funghi

Un piatto sano, questo casseruola di pollo ha un'elevata quantità di proteine che ti terrà pieno fino a cena. Le cosce di pollo aggiungono sapore in più e succosità, mentre i funghi sono responsabili della sensazione pungente di questo pranzo a basso contenuto di calorie.

Ingredienti (2 porzioni):

250g disossate, cosce di pollo senza pelle

125ml brodo di Pollo

25g di piselli surgelati

150g di funghi

25g cubetti di pancetta

1 grande scalogno, tritato

1 cucchiaio di olio d'oliva

1 cucchiaino di aceto di vino bianco

farina, per spolverare

una piccola manciata di prezzemolo tritato

Tempo di preparazione: 15 min

Tempo di cottura: 25 min

Preparazione:

Scalda 1 cucchiaino di olio in una padella antiaderente, condisci e spolvera il pollo con la farina. Rosola su tutti i lati, quindi rimuovi il pollo e friggi la pancetta ed i funghi fino a farli ammorbidire.

Metti il resto dell'olio di oliva e cuocere gli scalogni per 5 min. Aggiungi il brodo, l'aceto e fai bollire per 1-2 min. Rimetti il pollo, la pancetta e i funghi nella padella e cuoci per 15 min. Aggiungi i piselli ed il prezzemolo, cuoci per altri 2 minuti, poi servi.

Valori nutritivi per porzione: 260kcal, 32g proteine, 13g grassi (3g saturi), 4g carboidrati (3g fibre, 1 g zucchero), 1g sale, 21% ferro, 39% vitamina D, 12% vitamina B2, 34% vitamina B3, 17% vitamina B6.

25. Tacchino fritto

Con tante proteine, da preparare in fretta e saporito, questo piatto è un perfetto pranzo speziato. Il suo contenuto di carboidrati ti caricherà di energia in modo che possa essere anche un pasto ideale per il pre-allenamento.

Ingredienti (2 porzioni):

200g bistecche di petto di tacchino, tagliate a striscioline (rimuovere il grasso)

150g spaghetti di riso

170g Fagiolini, dimezzato

1 spicchio d'aglio, affettato

1 piccola cipolla rossa, a fette

½ peperoncino rosso tritato

succo di ½ lime

½ cucchiaino di olio d'oliva

½ cucchiaino di peperoncino in polvere

1 cucchiaino di salsa di pesce

menta, tritata grossolanamente

Coriandolo, tritato grossolanamente

Tempo di preparazione: 10 min

Tempo di cottura: 15 min

Preparazione:

Cuoci la pasta seguendo le istruzioni sulla confezione. Scalda l'olio in una padella antiaderente e friggi il tacchino a fuoco vivo per 2 minuti. Aggiungi la cipolla, l'aglio e fagioli e fai cuocere per altri 5 minuti.

Aggiungi al di sopra il succo di lime, peperoncino fresco, peperoncino in polvere e salsa di pesce, mescola e cuoci per 3 minuti. Incorpora le tagliatelle e le erbe a piacere e servi.

Valori nutritivi per porzione: 425kcal, 32g proteine, 3g grassi (1g saturi), 71g carboidrati (4g fibre, 4g zucchero), 1 g sale, 12% ferro, 10% magnesio, 12% vitamina A, 36% vitamina C, 13% vitamina B1, 24% vitamina B2.

26. Trota piccante

Prova questo facile pasto leggero estivo con la trota. Una grande fonte di vitamina B12, questo pesce bianco può essere servito con un contorno di insalata verde cosparso di sale marino e un po' di succo di limone per una sensazione più aspra.

Ingredienti (2 porzioni):

2 filetti di trota

15g Pinoli, tostati e tritati grossolanamente

25g pangrattato

1 cucchiaino di burro morbido

1 cucchiaino di olio d'oliva

il succo e la scorza di mezzo limone

1 mazzetto di prezzemolo, tritato

Tempo di preparazione: 10 min

Tempo di cottura: 5 min

Preparazione:

Scalda il grill a temperatura elevata. Posa i filetti, dalla parte della pelle, su una teglia unta d'olio.

Mescola il pangrattato, succo di limone e la scorza, burro, prezzemolo e la metà dei pinoli. Spargi la composizione con un sottile strato sopra i filetti, condisci con l'olio e metti sotto il grill per 5 minuti. Cospargi il resto dei pinoli e servi con il cavolfiore al vapore o fagiolini.

Valori nutritivi per porzione: 298kcal, 30g proteine, 16g grassi (4g saturi), 10g carboidrati (1g fibre, 1g zucchero), 11% magnesio, 14% vitamina B1, 41% vitamina B3, 25% vitamina B6, 150% vitamina B12.

27. Stufato di pesce piccante

Delizia il palato con questo mix piccante di gamberi, vongole e pesce bianco che fornisce una quantità abbondante di proteine e copre la maggior parte delle vitamine del gruppo B. Assicurati di utilizzare pesce fresco per massimizzare il gusto saporito di questa casseruola.

Ingredienti (2 porzioni):

100g gamberoni crudi sgusciati

150g vongole

150g Filetti di pesce bianco (tagliati in pezzi da 3cm)

250g piccole patate novelle, dimezzate e bollite

130g pomodori tritati

350ml brodo di Pollo

1 piccola cipolla, tritata

2 spicchi d'aglio, tritati

1 peperoncino rosso secco

succo di 1 lime

½ cucchiaino di paprica affumicata piccante

½ cucchiaino di cumino macinato

1 cucchiaino di olio d'oliva

spicchi di lime per Porzione (Opzionale)

Tempo di preparazione: 15 min

Tempo di cottura: 30 min

Preparazione:

Tostare il peperoncino in una calda padella asciutta fino a che si gonfiano un po', quindi rimuovili, togli i semi e mettili a bagno in acqua bollente per 15 minuti.

Scalda l'olio in una grande padella, aggiungi la cipolla, l'aglio e il condimento e cuoci fino ad ammorbidirli. Aggiungi la paprika, peperoncino, cumino, pomodori e il brodo e fai rosolare per 5 minuti, poi mescola tutto in un frullatore fino a che diventa tutto liscio. Versa nella pentola e porta al punto di ebollizione. Lascia cuocere a fuoco lento per 10 minuti.

Aggiungi i gamberi, filetti di pesce, vongole e patate, metti un coperchio sulla parte superiore della padella e cuoci per 5 minuti a fuoco medio-alto. Servi con spicchi di lime, se ti piacciono.

Valori nutritivi per porzione: 347kcal, 44g proteine, 6g grassi (1 g saturi), 28g carboidrati (4g fibre, 7g zucchero), 1.1g sale, 18% magnesio, 12% vitamina A, 40% vitamina C, 16% vitamina B1, 10% vitamina B2, 23% vitamina B3, 26% vitamina B6, 62% vitamina B12.

CENA

28. Melanzane stufate

Un pasto vegetariano saporito, con un formaggio fresco e pane grattugiato sopra al tutto, che è leggero e perfetto per la cena. Dimentica i peperoni ripieni e prova queste melanzane aromatizzato.

Ingredienti (2 porzione):

1 melanzana

60g mozzarella vegetariana, fatta a pezzi

1 piccola cipolla, tritata finemente

2 spicchi d'aglio, tritati finemente

Olio di oliva 1 cucchiaio, più extra per spruzzare

6 pomodorini, tagliati a metà

una manciata di foglie di basilico tritato

alcune manciate di pane grattugiato

Tempo di preparazione: 15 min

Tempo di cottura: 40 min

Preparazione:

Scalda il forno a 200 ° C ventilato / gas 7. Taglia le melanzane longitudinalmente a metà (è possibile lasciare lo stelo intatto o rimuoverlo). Taglia un bordo all'interno della melanzana di spessore di circa 1 cm. Utilizzando un cucchiaino, scava la polpa di melanzane fino a quando saranno rimasti 2 gusci. Trita la carne poi mettila da parte. Spennella i gusci con un po' di olio, condisci e mettili in una pirofila. Copri con un foglio e cuoci per 20 min.

Aggiungi l'olio rimanente in una padella antiaderente. Aggiungi la cipolla e fai cuocere fino a quando diventa morbida, quindi inseriscila nella carne tritata e fai cuocere. Aggiungere l'aglio e pomodori e cuoci per altri 3 minuti.

Quando i gusci di melanzana sono teneri, toglili dal forno, condisci, cospargi alcune briciole di pane e versa l'olio. Riduci il calore nel forno a 180C ventilato / gas 6. Cuoci per 15-20 minuti, fino a quando il formaggio sarà e il pangrattato sarà dorato. Servi con una insalata verde.

Valori nutritivi per porzione: 266kcal, 9g proteine, 20g grassi (6g saturi), 14g carboidrati (5g fibre, 7g zucchero), 1g sale, 15% vitamina A, 19% calcio.

29. Insalata di Arance, Noci e Formaggio Blu

Prova questa insalata salata e dolce con noci sbriciolate e formaggio blu per una cena leggera. Questo piatto, ad alto contenuto di grassi sani e vitamina C, richiede solo 10 minuti di preparazione ed è un ottimo modo per terminare un giorno impegnativo.

Ingredienti (2 porzioni):

1 * 100g Sacchetto di insalata mista (spinaci, rucola e crescione)

1 grande arancia

40g Noci, tritate grossolanamente

70g di formaggio blu, sbriciolato

1 cucchiaino di olio di noce

Tempo di preparazione: 10 min

Non si cuoce

Preparazione:

Svuota il sacco di insalata in una ciotola. Sbuccia le arance e taglia i segmenti del midollo su una piccola ciotola per prenderne il succo. Versa l'olio di noce nel succo d'arancia poi versaci sopra le foglie di insalata. Spargi l'insalata, gorgonzola e noci sugli spicchi d'arancia e servi.

Valori nutritivi per porzione: 356kcal, 14g proteine, 30g grassi (10g saturi), 8g carboidrati (3g fibre, 8g zucchero), 19% calcio, 10% magnesio, 20% vitamina A, 103% vitamina C, 10% vitamina B1.

30. Insalata con riso messicano e fagioli

Un pasto piccante con pochi grassi ed un sapore latino-americano, l'Insalata con riso messicano e fagioli è imballata con le verdure e fa riempire anche a cena. Divertiti un po' e utilizza una scatola di fagioli misti per un piatto più colorato.

Ingredienti (2 porzioni):

90g di riso integrale

200g scatoletta di insalata di fagioli neri, scolati

½ avocado maturo, tritato

2 cipollotti, tritate

½ peperone rosso, privato dei semi e tritato

Succo di ½ lime

1 cucchiaino di spezie Cajun mix

mazzetto di coriandolo tritato

Tempo di preparazione: 15 min

Tempo di cottura: 20 min

Preparazione:

Cuoci il riso seguendo le istruzioni sulla confezione. Scolalo poi raffreddalo sotto l'acqua corrente fredda. Aggiungi fagioli, peperoni, cipolle e avocado.

Mescola il succo di lime con pepe nero e le spezie Cajun poi versa sopra il riso. Aggiungi il coriandolo e servi.

Valori nutritivi per porzione: 326kcal, 11g proteine, 10g grassi (2g saturi), 44g carboidrati (6g fibre, 4g zucchero), 10% ferro, 15% magnesio, 11% vitamina B1, 13% vitamina B6.

31. Ceci e spinaci al curry

Prepara questo pasto per una grande notte. Con tanta vitamina A e proteine, questo piatto vegetariano può essere servito con un po' di Naan. Attenzione per le calorie in eccesso, però, un pezzo di pane Naan contiene circa 140kcal.

Ingredienti (2 porzioni):

1 * 400g scatoletta di ceci, scolati

200g pomodorini

130g foglie di spinaci

1 cucchiaio di pasta di curry

1 piccola cipolla, tritata

succo di limone

Tempo di preparazione: 5 min

Tempo di cottura: 15 min

Preparazione:

Riscalda la pasta di curry in una padella antiaderente. Quando comincia a dividersi, aggiungi la cipolla e cuoci per 2 minuti fino a quando non si ammorbidisce. Aggiungi i pomodori e fai bollire finché la salsa si sarà ridotta.

Aggiungi i ceci e qualche condimento e cuoci per un minuto in più. Togli dal fuoco, poi aggiungi gli spinaci (il calore della padella appassirà le foglie). Condisci, aggiungi il succo di limone e servi.

Valori nutritivi per porzione: 203kcal, 9g proteine, 4g fat, 28g carboidrati (6g fibre, 5g zucchero), 1.5g sale, 25% ferro, 29% magnesio, 129% vitamina A, 61% vitamina C, 58% vitamina B6.

32. Brodo di verdure thai e latte di cocco

Una Porzione di pasta all'uovo condita con un delizioso brodo vegetale dà un gusto delizioso e veloce di Thai. Se si preferisce un brodo più corposo, usa meno brodo vegetale, a seconda dei gusti.

Ingredienti (2 porzioni):

200ml scatoletta di latte di cocco magro

500ml brodo di verdure

Pasta all'uovo 90g

1 carota tagliata a fiammiferi

¼ testa di insalata cinese, affettata

75g germogli di fagiolini

3 pomodorini, tagliati a metà

2 piccoli cipollotti, longitudinalmente dimezzati e affettati

succo di lime da ½ frutto

1 ½ cucchiaini Thai rosso pasta di curry

1 cucchiaino zucchero di canna

1 cucchiaino di olio d'oliva

manciata di coriandolo, tritato grossolanamente

Tempo di preparazione: 15 min

Tempo di cottura 10 min

Preparazione:

Scalda l'olio in un wok poi aggiungi la pasta di curry e friggi per 1 min fino a renderla fragrante. Aggiungi il brodo vegetale, zucchero di canna e latte di cocco e fai sobbollire per 3 minuti.

Aggiungi le tagliatelle, carote e foglie cinesi e cuoci a fuoco lento finché saranno teneri. Aggiungi i germogli di soia e pomodori, succo di lime per un po' di gusto in più. Servi nelle ciotole e cospargi con coriandolo e cipollotti.

Valori nutritivi: 338kcal, 10g proteine, 14g grassi (7g saturi), 46g carboidrati (5g fibre, 12g zucchero), 1.2g sale, 14% ferro, 16% magnesio, 10% vitamina B3.

33. Zucchine stufate

Una cena sana e vegetariana, leggera sullo stomaco e un piacere da gustare. Le zucchine sono aromatizzate da un mix di pinoli, pomodori secchi e parmigiano. È possibile cospargere le zucchine con un po' di pesto al posto dell'olio d'oliva, prima di metterle in forno.

Ingredienti (2 porzioni):

2 zucchine, longitudinali dimezzato

2 cucchiaini di olio d'oliva

insalata mista, a servire

Ripieno:

25g Pinoli

3 cipollotti finemente affettato

1 spicchio d'aglio, schiacciato

3 pomodori secchi sott'olio sgocciolato

12g parmigiano, finemente grattugiato

25g pangrattato

1 cucchiaino di timo in foglia

Tempo di preparazione: 10 min

Tempo di cottura: 35 min

Preparazione:

Scalda il forno a 200 ° C ventilato / gas 7. Metti le zucchine in una pirofila, e tagliale. Spennella leggermente con 1 cucchiaino di olio e cuoci per 20 min.

Mescola tutti gli ingredienti insieme e riempi una ciotola e condisci con pepe nero, cospargi la miscela in cima alle zucchine e condisci con l'olio rimasto. Cuoci in forno per altri 10-15 minuti, fino a quando le zucchine saranno ammorbidite e il condimento croccante. Servi caldo con una insalata mista.

Valori nutritivi per porzione: 244kcal, 10g proteine, 17g grassi (3 saturi), 14g carboidrati (3g fibre, 5g zucchero), 56% vitamina C, 16% vitamina B2, 21% vitamina B6.

34. Macedonia

Una macedonia carica di vitamina C addolcita con miele e pronta da servire in 10 min. Migliora questa semplice macedonia con l'aggiunta di una spruzzata di menta fresca tagliata.

Ingredienti (1 porzione):

1 pompelmo, scorza e semi asportati

2 albicocche, a fette

2 arance, la buccia e semi asportati

1 cucchiaino miele chiaro

Tempo di preparazione 5 min

Non si cuoce

Preparazione:

Metti le albicocche in una grande ciotola. Taglia le arance ed i pompelmi nella ciotola per catturarne i succhi. Mescola nel miele e servi.

Valori nutritivi per porzione: 166kcal, 4g proteine, 36g carboidrati (8g fibre, 28g zucchero), 46% vitamina A, 184% vitamina C, 13% vitamina B1.

35. Funghi alla Diavola

Concediti un piccante pasto sano, con a lato un po' insalata croccante fresca. Raddoppia la Porzione di fibre e proteine o servilo con una fetta media di baguette per circa 150kcal a pezzo.

Ingredienti (2 porzioni):

8 grandi funghi piani

2 spicchi d'aglio schiacciati

2 cucchiaio di olio d'oliva

2 Cucchiai salsa Worcester

2 Cucchiai senape integrale

1 cucchiaino di paprika

140g foglie di insalata mista in busta, con crescione e rubino bietole

Tempo di preparazione: 10 min

Tempo di cottura: 15 min

Preparazione:

Scalda il forno a 180 ° C ventilato / gas 6. Mescola la senape, l'olio, l'aglio e salsa Worcester in una grande ciotola, poi condisci con pepe nero appena macinato e sale. Aggiungi i funghi al mix e mescola bene per ricoprire uniformemente. Metti i gambi verso l'alto in una pirofila, cospargi con la paprika e cuoci per 8-10 minuti.

Dividi le foglie di insalata tra due piastre e posiziona 4 funghi su ogni piatto. Spargi i succhi sopra i funghi e servi subito.

Valori nutritivi per porzione: 102kcal, 8g proteine, 14g grassi (2g saturi), 8g carboidrati (4g fibre), 1g sale, 20% vitamina B2, 16% vitamina B3.

36. Insalata di Trota Affumicata con barbabietole, finocchio e mele

Un delicato pesce affumicato a caldo completato da una mela croccante e la barbabietola colorata, diventa un'insalata esotica con una combinazione di sapore meraviglioso. La trota è una fonte ideale di B12 e di proteine di alta qualità.

Ingredienti (2 porzioni):

140g Filetto di trota senza pelle affumicato

100g barbabietola in aceto, drenata e tagliata

4 cipollotti, affettati

1 mela dalla pelle verde, spellata e affettata

½ piccola testa di finocchio, tagliato a fette sottili

foglie di aneto, piccolo mazzo, finemente tritato

2 Cucchiai yogurt con pochi grassi

1 cucchiaino salsa al rafano

Tempo di preparazione: 10 min

Non si cuoce

Preparazione:

Posiziona il finocchio in un piatto e spargici sopra le barbabietole, cipolline e mela. Taglia la trota in pezzi grossi e mettila sopra a tutto. Cospargi con metà dell'aneto.

Mescola lo yogurt ed il rafano con 1 cucchiaio di acqua fredda, quindi aggiungi il resto dell'aneto e mescola. Versa metà del condimento sopra l'insalata e gira leggermente, poi un cucchiaio sul resto della porzione e servi.

Valori nutritivi per porzione: 183kcal, 19g proteine, 5g grassi (1g saturi), 16g carboidrati (5g fibre, 16g zucchero), 1.6g sale, 12% ferro, 11% vitamina A, 20% vitamina C, 20% vitamina B1, 17% vitamina B2, 20% vitamina B3, 100% vitamina B12.

37. Carote arrosto con melograno e formaggio di capra

Un pasto tutto-tondo completo quando si tratta di sostanze nutritive, questa combinazione di verdure dolci e succhi di frutta acidi è un'opzione sana e interessante. Assicurati di mantenere i semi di melograno separati e aggiungili poco prima di mangiare se hai intenzione di fare una grande partita.

Ingredienti (2 porzioni):

375g carote

40g semi di melograno

50g di formaggio di capra, sbriciolato

200g ceci in scatola, scolati

scorza grattugiata e il succo di ½ arancia

1 cucchiaio di olio d'oliva

1 cucchiaino di semi di cumino

piccolo mazzetto di menta tritata

Tempo di preparazione: 10 min

Tempo di cottura: 50 min

Preparazione:

Scalda il forno a 170 ° C ventilato / gas 5. Metti le carote in una ciotola e condiscile con metà dell'olio d'oliva, i semi di cumino e la scorza d'arancia e il sale. Stendi le carote su un grande piatto di cottura per 50 minuti fino a quando non diventano tenere e prendono un po' di colore sui bordi.

Mescola i ceci con le carote arrosto, poi impiatta. Irroralo con l'olio rimanente e il succo d'arancia. Aggiungi il formaggio di capra sbriciolato, spargi i semi di melograno e le erbe e servi.

Valori nutritivi per porzione: 285kcal, 12 g proteine, 15g grassi (6g saturi), 30g carboidrati (6g fibre, 16g zucchero), 15% calcio, 12% ferro, 14% magnesio, 610% vitamina A, 28% vitamina C, 12% vitamina B1, 18% vitamina B2, 11% vitamina B3, 37% vitamina B6.

38. Zuppa di lenticchie, carote e arancia

Una zuppa interessante a base di succo d'arancia che servirà a coprire la quantità necessaria giornaliera di vitamina C. Sano, con sapori che funzionano bene insieme, questa ricetta è una delizia piccante. Puoi allungarla con un po' d'acqua, se la trovi troppo densa.

Ingredienti (2 porzioni):

75g Lenticchie rosse

225g carote, dadini

300ml Succo d'arancia

1 cipolla, tritata

600ml brodo di verdure

2 Cucchiai yogurt magro

1 cucchiaino di semi di cumino

2 cucchiaini di semi di coriandolo

coriandolo fresco tritato per guarnire

Tempo di preparazione: 15min

Tempo di cottura: 35 min

Preparazione:

Rompi i semi in un mortaio, poi asciugali in padella per 2 minuti fino a doratura completa. Aggiungi lenticchie, carote, cipolla, succo d'arancia, brodo e condimenti e porta a ebollizione. Copri e cuocere a fuoco lento per 30 minuti fino a quando le lenticchie saranno ammorbidite.

Trasferisci il mix in un robot da cucina e amalgama bene. Rimetti tutto in padella, scalda a fuoco medio e mescola di tanto in tanto. Aggiusta di sale poi distribuisci nelle ciotole, versa lo yogurt sopra, cospargi con le foglie di coriandolo e servi subito.

Valori nutritivi per porzione: 184kcal, 8g proteine, 2g grassi, 34g carboidrati (4g fibre), 1g sale, 340% vitamina A, 134% vitamina C, 16% vitamina B1, 11% vitamina B3, 13% vitamina B6.

39. Verdure rosse al curry

Ti porterà via quasi un'ora di preparazione, ma questo profumato piatto Thai sicuramente terrà le tue papille gustative in azione. Ricco di sostanze nutritive, questo cremoso curry vegetariano ha la stoffa di un piatto unico, ma può anche essere servito con un po' di riso bollito per circa 175 kcal in più.

Ingredienti (2 porzioni):

70g Funghi, scottati

70g pisellini

½ zucchine, tagliate a tocchetti

½ melanzane, tagliate in pezzi

100g di tofu, tagliato a cubetti

200ml di latte di cocco in lattina, magro

1 peperoncino rosso (½ finemente tritato, ½ affettato a rondelle)

¼ pepe rosso, privato dei semi e tagliato a fettine

2 Cucchiai salsa di soia

Succo di 1 lime

1 cucchiaio di olio d'oliva

10g Foglie di basilico

½ cucchiaino zucchero di canna

Per la pasta:

3 scalogni, tritati grossolanamente

2 piccoli peperoncini rossi

½ citronella, tritata grossolanamente

1 spicchi d'aglio

10g semi di coriandolo

½ peperone rosso, privato dei semi e tagliato grossolanamente

scorza di ½ lime

¼ cucchiaino di radice di zenzero grattugiato

½ cucchiaino di coriandolo

½ cucchiaino di pepe macinato fresco

Tempo di preparazione: 30 min

Tempo di cottura: 20 min.

Preparazione:

Marina il tofu in metà del succo di lime, 1 cucchiaio di salsa di soia e il peperoncino tritato.

Metti gli ingredienti in un robot da cucina.

Scalda metà dell'olio in una padella, aggiungi 2 cucchiai di pasta e friggi per 2 minuti. Incorpora il latte di cocco con acqua, 50 ml, melanzane, zucchine e pepe. Cuoci fino a quando diventa tutto morbido.

Scola il tofu, asciugalo poi friggilo nell'olio rimasto in un pentolino fino a doratura.

Aggiungi il fungo, lo zucchero e la maggior parte del basilico, poi condisci con lo zucchero, il resto del succo di lime e la salsa di soia. Cuoci fino a quando i funghi saranno teneri, quindi aggiungi il tofu e scalda il tutto. Cospargi con il basilico, il peperoncino a fette e servi.

Valori nutritivi per porzione: 233kcal, 8g proteine, 18g grassi (10g saturi), 11g carboidrati (3g fibre, 7g zucchero), 3g sale, 13% calcio, 12% ferro, 14% magnesio, 11% vitamina A, 65% vitamina C, 15% vitamina B1, 21% vitamina B2, 12% vitamina B3, 22% vitamina B6.

40. Riso pilaf ai funghi e limone

Questo piatto di funghi pilaf con poche calorie è il tuo biglietto per un'alternativa più leggera al risotto. Getta una manciata di piselli per un piatto più colorato, e sentiti libero di sostituire l'erba cipollina con cipollotti, se vorrai.

Ingredienti (2 porzioni):

100g riso integrale

150g Funghi, a fette

250ml brodo di verdure

1 piccola cipolla, affettata

1 spicchio d'aglio, schiacciato

3 Cucchiai formaggio magro a pasta molle con aglio ed erbe

scorza e il succo di mezzo limone

mazzetto di erba cipollina, tritata

Tempo di preparazione: 10 min

Tempo di cottura: 30 min

Preparazione:

Metti la cipolla in una padella antiaderente, aggiungi alcuni Cucchiai del brodo e cuoci per circa 5 minuti fino a quando la cipolla sarà ammorbidita. Aggiungi l'aglio ed i funghi e cuoci per altri 2 minuti. Mentre il tutto si miscela, aggiungi il riso, la scorza di limone e il succo. Versa il rimanente brodo vegetale, condisci e porta ad ebollizione.

Abbassa il fuoco, copri il tegame e lascia cuocere a fuoco lento per 30 minuti fino a quando il riso sarà tenero. Mescola con la metà di erba cipollina e formaggio a pasta molle. Dividi tra 2 piatti e servi condito con il restante formaggio morbido ed erba cipollina.

Valori nutritivi per porzione: 249kcal, 12g proteine, 4g grassi (2g saturi), 44g carboidrati, 2g fibre, 4g zucchero), 11% vitamina A, 23% vitamina B2.

ALTRI GRANDI TITOLI DELL'AUTORE

50 Ricette Succose Per Abbassare La Pressione Sanguigna: Un Modo Semplice Per Ridurre La Pressione Alta

di

Joseph Correa

Nutrizionista Sportivo Certificato